ESSAI CRITIQUE

SUR LE

THÉATRE FRANÇAIS.

PARIS, IMPRIMERIE DE DECOURCHANT,
Rue d'Erfurth, n° 1, près l'Abbaye.

ESSAI CRITIQUE

SUR LE

THÉÂTRE FRANÇAIS,

PUBLIÉ, D'APRÈS DES NOTES ANGLAISES,

PAR M. EUGÈNE CHAPUS.

A PARIS,

CHEZ PONTHIEU, LIBRAIRE,

PALAIS-ROYAL;

ET CHEZ L'AUTEUR, RUE DU FAUBOURG-POISSONNIÈRE, Nº 20.

M DCCC XXVII.

ESSAI CRITIQUE

SUR

LE THÉÂTRE FRANÇAIS.

SOMMAIRE.

Considérations générales.— Tragédie grecque. — Rotrou. — Corneille. — L'Académie. — Le Cid espagnol. — Le Cid français.— Racine. — Phèdre. — Iphigénie en Aulide. — Shakespeare. — Ducis.—Hamlet anglais. —Hamlet français.— Marius à Minturne.—De la tragédie. — Régulus. —Léonidas. — Molière. — Coutumes françaises.— De l'individualité. — Des caractères génériques. — Le Bourgeois gentilhomme. — Le Misanthrope. — L'Avare. — Le Tartufe. — Le Distrait. — Le Glorieux. — De l'influence de la littérature du siècle de Louis XIV sur la littérature anglaise. — Dryden. — Otway. — Rowe. — Benjonson. — Du théâtre espagnol. — Influence de l'avénement de Philippe V. — Du critique Luzan. — Contre-révolution dans les lettres en Espagne. — Vincent Garcia della Huerta. — Digression sur le poème épique. — Du théâtre allemand. — Opiz. — Gottsched. — Schiller. — Kotzbue. — De la chasteté de la scène française. — Des moyens physiques. — Les Fourberies de Scapin. — L'Avare. — Le Mercure galant.— Le Légataire universel. —De l'opéra-comique et du vaudeville. — Différence entre le théâtre français et le théâtre anglais. — Conclusion.

LE théâtre français est, sans contredit, la plus pure, la plus fidèle imitation qu'il y ait du théâtre grec. Arrêtés par un respect aveugle pour tout ce qui con-

I

cernait le peuple d'Athènes, et par une étrange timidité, les Français n'ont jamais tenté de perfectionner
l'art dramatique ; le seul changement qu'ils y aient
introduit, et qui, à bien prendre, n'est qu'une mal-
adroite innovation, c'est, comme on le sait, l'aboli-
tion des chœurs. Mais le théâtre grec n'était lui-même
qu'une production imparfaite ; il prit naissance à
une époque où l'homme s'ignorait soi-même, et où
les diverses facultés de son âme étaient encore des
merveilles inconnues. Quelque téméraire que puisse
paraître une semblable assertion, il ne suffit que
d'un moment de réflexion pour en apercevoir toute
la justesse ; car personne assurément ne disconvien-
dra que depuis les jours de Sophocle la condition
des hommes ne se soit améliorée, et que le domaine
de l'esprit n'ait été considérablement étendu. Nos
observations sont devenues plus exactes, nos com-
paraisons plus rigoureuses, notre jugement plus so-
lide ; et, je le demande, quelles ressources pour un
art dont le principal objet est de peindre les diverses passions du cœur ! Certes, nous serions étran-
gement surpris si nous assistions aujourd'hui aux
représentations du théâtre d'Athènes, même en les
supposant embellies du prestige des décorations! Si
ce point n'est pas accordé, nous devons ou nier les
progrès généraux de l'espèce, ou affirmer que, par
une inexplicable bizarrerie, le théâtre seul a été ex-
cepté de la loi commune. Sans nous arrêter à considérer les parties purement mécaniques d'une repré-

sentation dans lesquelles les modernes ont une supériorité non douteuse, nous ne nous attacherons
qu'au poème, et nous ferons en sorte de démontrer
qu'une trop grande imitation des auteurs grecs doit
être aussi préjudiciable à l'art dramatique que la mé-
thode d'Euclide serait peu sûre pour arriver à quelques-unes de nos solutions géométriques.

Les Grecs n'avaient, pour ainsi dire, aucune antiquité positive, aucune tradition, et d'autre histoire
que la fable; les leçons de l'expérience ne leur
avaient pas appris à connaître le cœur humain, ils
tenaient tout de l'observation du moment, et leur
objet était la vie publique; les dieux et les héros les
occupaient entièrement. Leur mythologie, qui a été
appelée imaginaire, semble être plutôt imitative; car
il appartient moins à l'imagination qu'à l'imitation
de composer une sorte de panthéon de toutes les
faiblesses de l'humanité, que de créer un tout-puis-
sant avec les attributions infinies que nous accor-
dons à Dieu; et certes, ces divinités ne sont pas des
objets convenables au théâtre, puisque tant qu'elles
sont des divinités elles sont au-dessus de toutes nos
faiblesses, et que dès qu'elles éprouvent nos passions
elles cessent d'être divines. Mais les Grecs, encore
environnés de ténèbres, tranchèrent la difficulté
qu'ils ne pouvaient surmonter, et firent de leurs
dieux, c'est-à-dire de leurs principaux personnages de théâtre, une espèce d'aristocratie privilégiée
de vices et de faiblesse. Toutefois je ne prétends pas

avancer que les Grecs ont agi en contradiction avec la nature; ils ont suivi tout ce qu'ils savaient à son égard, et c'était elle qui alors était limitée; ils avaient donc l'excuse de la nécessité pour produire des ouvrages avec de telles imperfections; mais aussi, loin de les prendre pour modèles dans l'art dramatique, les nations modernes, tout en leur payant des tributs de respect et d'admiration, devraient aspirer à agrandir la sphère de cet art sublime, et, en généralisant ses principes, l'élever au degré de perfection qu'ont atteint les autres connaissances.

Cependant les Français, dans toute leur carrière dramatique, semblent avoir pris à tâche de n'admettre sur leur théâtre que ce qui se trouve dans Sophocle et Euripide; ils n'ont envisagé que l'enfance de l'art et l'ont prise pour sa maturité, en élevant des bornes fictives à un espace infini. Ils adoptèrent avec la servilité la plus aveugle tout ce qui se trouvait dans les auteurs de l'antiquité, et de ce que les Grecs avaient entièrement tiré les sujets de leurs pièces de leurs propres souvenirs, ils en conclurent que ces sujets convenaient seuls au théâtre, et que les fables de leur mythologie devaient exclusivement plaire aux modernes élevés dans une morale et des dogmes si différens. C'est ainsi que, prenant des imperfections inévitables pour des règles, ils bornèrent l'art dramatique à ses défauts primitifs.

Les nations modernes, dans leur enfance, semblables à des écoliers qui n'ont point encore eu l'expé-

rience d'une vie active, ont pu se modeler sur l'antiquité pour obtenir un plus grand développement de
l'esprit et des inspirations nouvelles ; mais leur admiration diminua à mesure qu'elles s'avançaient dans
les routes de la civilisation et qu'elles acquéraient
des idées plus exactes. Les Anglais, en parlant des si-
gnes caractéristiques de l'intelligence des Français,
affirment que l'imagination, l'invention, l'induction
sur une échelle élevée, ne sont pas de leur nombre, et que c'est particulièrement en poésie que
l'absence de ces qualités se fait sentir. On ne sau-
rait, ce me semble, combattre cette opinion ; comment expliquer différemment la persévérance qu'ils
montrent à suivre les formes anciennes et les premières règles du drame? On dirait qu'un manque
d'originalité, de génie, de puissance créatrice, les
a forcés d'être copistes ; qu'un défaut de goût les
a empêchés de sentir la honte d'être enchaînés à l'i-
mitation, et qu'enfin une absence totale de sentimens forts et énergiques les a conduits à plier devant les lois tyranniques faussement attribuées à
Aristote, et que ce philosophe ainsi que ses contemporains eussent rejetées avec mépris s'ils avaient
eu une plus grande expérience dans l'art de représenter le cœur humain en action [1].

[1] Une chose curieuse à remarquer, dit M. Schlegel, c'est
qu'Aristote, qui a donné son nom à ces trois unités, n'a par-
lé que de la première, l'unité d'action, tandis qu'il n'a fait

Les premiers essais dramatiques tirèrent leur origine, en France comme dans presque tous les autres pays, des cérémonies religieuses ; le nombre des auteurs qui composaient ces mystères n'était pas moins grand que celui des poètes qui ont écrit depuis Corneille. Nous passerons sur toutes les productions qui ont paru depuis ces faibles essais jusqu'à l'apparition du grand Corneille, époque à laquelle commence la renommée dramatique des Français. Malgré l'impulsion donnée par ce réformateur de la scène, le théâtre français demeura absolument le même, à l'exception du langage et de la poésie, qui se perfectionnèrent. Racine excelle no-

qu'une allusion très-vague à l'unité de temps, et n'a même pas dit un seul mot sur l'unité de lieu. La division en actes a été une invention des Latins, et Horace a donné, comme on sait, pour règle, qu'une pièce de théâtre doit avoir cinq actes, *ni plus, ni moins* :

Neve minor, neu sit quinto productior actu
Fabula . . . . .

Les pièces grecques, au contraire, se jouaient de suite et sans interruption, sauf les intermèdes, dont le nombre n'était pas fixé et dépendait de la volonté du poète.

Aristote partage la tragédie, non point en actes, ni en scènes, mais en *prologue*, épisode et exorde; il ajoute une quatrième partie, c'est celle qui concerne les chœurs, χορικον.

M. Prevost de Genève, traducteur d'Euripide, a divisé plusieurs tragédies de ce poète en six actes.

tamment dans cette dernière partie; et, disons-le avec justice, aucun pays n'a produit un écrivain aussi pur, aussi parfait; mais une conception plus vaste de la nature n'était pour ainsi dire pas permise; et si l'on vit alors les passions prendre un ton plus vrai, plus naturel, c'était moins parce qu'on les avait mieux étudiées, que parce que les *pointes* et les *concetti* commençaient à disparaître pour faire place à un goût plus épuré.

De tous les surnoms dont on a chargé la mémoire de Corneille, celui de Grand est peut-être le moins mérité. Il créa à peine, et les progrès qu'il fit éprouver à la diction dramatique ne sont pas des titres capables de justifier les éloges qu'on lui accorda. Rotrou seul contenait des exemples suffisans pour le guider; ainsi son mérite fut plutôt d'avoir évité les fautes dans lesquelles on était déjà tombé, que d'avoir tracé des routes nouvelles. D'ailleurs, même sous ce rapport, Corneille n'a laissé dans aucun de ses ouvrages des modèles de pureté; bien différent en cela de Shakespeare, qui, quoique son prédécesseur d'un siècle, est encore admiré partout où il ne trace pas des mœurs et de certaines coutumes qui n'existent plus aujourd'hui. La preuve en est répandue dans tous ses ouvrages, et notamment dans le cinquième acte de son *Marchand de Venise*, dont la poésie offre cet assemblage heureux d'une conception tout à la fois vierge, énergique, et d'une exécution pure et élégante.

Corneille prit le sujet de sa première pièce dans la mythologie, et le trouva entièrement traité par Sénèque; ce fut *Médée*. Il trouva, pour l'exécution de son second essai, un plus vaste champ encore à moissonner : Guillen de Castro, qui vivait à peu près à la même époque que Lopez de Véga, avait traité le sujet du *Cid* en deux tragédies successives, ou plutôt il l'avait traité en deux parties. Le Français s'en empara, réduisit à cinq actes ce qui avait été d'abord composé en dix, renferma dans l'espace de vingt-quatre heures des événemens dont la durée devait naturellement excéder ce temps, et en ramena les scènes dans un même lieu, quelque distance d'ailleurs qu'il dût y avoir entre elles. Il termina sa pièce comme se terminent les trois premiers actes de Guillen de Castro, et au lieu de commencer, ainsi que le fait l'original, par la cérémonie imposante où le roi de Castille arme Rodrigue chevalier, et à laquelle assistent l'Infante, les dames de la cour, et Chimène elle-même, il débute par un long récit, et un récit qui a déjà été fait :

« Elvire, m'as-tu fait un rapport bien sincère?

. . . .

» Apprends-moi de nouveau quel espoir j'en dois prendre. »

La pièce espagnole est toute en action. Après cette cérémonie, le roi consulte ses ministres sur le choix qu'il doit faire d'un précepteur pour son jeune fils :

les candidats rivaux sont, comme on le sait, el conde Lozano, père de Ximena, el Diego Lainez, père de Rodrigue. Lozano reproche à Diego son âge avancé, la discussion s'enflamme progressivement entre eux, et le résultat est le fameux soufflet donné à Diego, mais en présence du roi même, dont la médiation suspend pour le moment les suites de cet outrage.

Dans Corneille, le spectateur est étranger à tous ces débats, et le Comte et D. Diego ne viennent évidemment achever de se quereller sur la scène, que pour éviter de donner le soufflet devant le roi, ce qui n'est point conforme aux mœurs du temps. C'est ainsi qu'il sacrifie au goût de son siècle la vérité locale du sujet, et qu'il fait de ces personnages, non pas des Castillans du règne chevaleresque de Ferdinand, mais bien des Français de la cour galante et respectueuse de Louis XIV.

La manière dont Diego, dans l'original, sonde le courage de ses fils, caractérise éminemment la nature des sentimens d'un vieux guerrier du onzième siècle. Il choisit parmi toutes ses armes celle du plus illustre de ses aïeux, et la présente successivement à ses deux plus jeunes fils, dont le courage ne répond pas à ses souhaits. Il tente la même épreuve sur l'âme de son aîné, Rodrigue, qui lui dit : *Si no fueras mi padre, diëraos una bofetada.* Le vieillard, à ces mots, se précipite dans les bras de son généreux fils, et lui remet le glaive vengeur, en s'écriant : *Ya no fuera la primera!* Le très-admiré, *Parlons bas, écoute,* que Rodrigue dit au comte, se trouve dans l'original, *Habla baxo, escucha,* mais bien plus à propos que dans l'imitation, parce que, dans le poète original, l'Infante et Chimène sont assises à une croisée ouverte qui donne sur la place, et d'où elles peuvent voir et entendre tout ce qui se passe.

Il se trouve encore dans la pièce espagnole une apparition de saint Lazare au *Cid;* ce qui caractérise parfaitement les temps et le lieu de la scène, de même que la présence des sorciers dans *Macbeth* caractérise les premiers âges de la vieille Écosse; mais, quoi qu'il en soit, le poète français se serait donné bien de garde de pousser jusque là l'imitation, de peur de révolter l'extrême délicatesse du goût de ses contemporains, de ce goût qui, par une étrange bizarrerie, n'était pas choqué (sans doute parce que cela était conforme à l'unité de temps) de ce que Chimène, vingt-quatre heures après la mort de son père, se réconciliait avec son meurtrier... A la vérité Rodrigue est un fier chevalier, car durant le même espace de temps il bat les Maures, tue un rival et fait deux visites de condoléance à Chimène elle-même. On enlèverait le cœur d'une femme à moins...

Parmi les nombreuses fautes auxquelles a conduit le servile attachement aux unités de lieu, il en est une qui est fondamentale, c'est que toute l'action se passe dans la chambre du roi!... Corneille sentit parfaitement l'inconvenance d'une pareille disposition de plan ; mais le ministre Richelieu, l'Académie, à laquelle il avait l'honneur d'appartenir, et la France entière, s'étaient prononcés en faveur des règles d'Aristote; et il fallut, pour être tout à la fois académicien et ministériel, qu'il consentît à être absurde [1].

[1] Toutefois Corneille déclare que de toutes ses pièces, il n'en a pu assujétir que trois à la stricte unité du même lieu, savoir : *Horace*, *Polyeucte* et *la Mort de Pompée*. Il avoue que dans le *Cid* il faudrait employer quatre décorations différentes, et changer quelquefois la décoration au milieu des actes; que *Cinna* aurait besoin de deux décorations, parce qu'une partie de la pièce se passe dans l'appartemant d'Émilie, et l'autre dans l'appartement d'Auguste; qu'il en est de même pour ses autres pièces, *Héraclius*, *Rodogune*, *Médée*, etc.

Le père Brumoy nous assure que Corneille n'avait jamais voulu entièrement convenir du besoin de l'unité de lieu. Un certain abbé Daubignac s'attribue le mérite d'avoir introduit la règle des vingt-quatre heures, et cela vers le temps où le cardinal de Richelieu se mêlait de conseiller les auteurs, et même de travailler avec eux. Quelles autorités !

« Je me souviens de la fameuse pièce de Corneille sur les *Horaces* et les *Curiaces*, dit Adisson, où le jeune héros, tout fier d'avoir vaincu les derniers l'un après l'autre, poignarde sa sœur, qui, au lieu de le féliciter de sa victoire, lui reprochait d'avoir tué son amant. Si quelque chose pouvait diminuer la noirceur d'une action si brutale, ce serait de l'avoir commise avant que les sentimens de la nature, la raison ou l'humanité

Le génie dramatique de Corneille eût suffi, s'il avait été abandonné à ses propres inspirations, pour détruire les préjugés des Français en faveur des unités ; mais, outre qu'il y avait beaucoup à faire, un homme d'un esprit tout-à-fait différent du sien parut à cette époque dans le monde littéraire, et par la facilité et la grâce avec lesquelles il surmontait toutes les entraves qu'enfantaient les unités, par la chasteté et la pureté de sa diction, par l'harmonie et la douceur de ses vers, vint justifier en quelque sorte le goût national. Cependant l'impulsion poétique ne semble pas avoir été d'une trempe forte et énergique dans Racine. Il excelle dans la peinture des passions tendres, et surtout dans celle de l'amour, qu'il a toujours tracée avec une vérité admirable, quoiqu'il l'ait mêlée d'une forte dose de galanterie, et de façon, pour ainsi dire, à lui donner cours au château de Versailles. Ses caractères de femmes sont supérieurs à ses héros, qui sont tous français, et français du siècle de Louis XIV ; c'est en vain qu'il

pussent agir en lui et désarmer sa colère. Cependant, pour éviter l'effusion du sang aux yeux du public, lorsque sa rage est arrivée au comble, il est assez retenu pour suivre sa sœur et ne la poignarder que derrière le théâtre. J'avoue que s'il l'avait tuée devant tout le monde l'action aurait été beaucoup plus indécente ; mais telle qu'on la voit ici elle paraît fort opposée à la nature, et approche bien d'un assassinat commis de sang-froid. »

Le Spectateur.)

leur prête des noms étrangers, qu'il leur fait dire qu'ils sont en Aulide ou à Trézène, leur âme, leur esprit demeurent en France, et tout leur moral est parisien. Disons plus, il n'est pas un seul d'entre eux qui, dans *le salon d'Hercule* ou dans *la galerie de Diane,* n'eût passé pour un courtisan parfait. Son Achille, c'est M. le marquis d'Achille; son Agamemnon, monseigneur le duc Agamemnon; et son Nestor, s'il eût introduit ce prudent chef sur la scène, aurait été inévitablement monsieur le président à mortier. Néanmoins, tel est l'aveuglement national, que M. de La Harpe affirme que l'Achille de Racine, supérieur à celui d'Euripide, égale l'impétueux Achille du chantre de l'Iliade!

Le rôle d'Eriphile, dans *Iphigénie en Aulide,* est celui d'une intrigante ordinaire, d'une vraie dame d'atours en disgrâce; et celui de Phèdre [1] est pâle, incertain, nonobstant une infinité de passages

[1] Entre autres invraisemblances qui résultent de l'assujétissement aux unités, et qu'on pourrait signaler fréquemment dans les productions de ce poète, il en est une de temps que nous relèverons dans sa *Phèdre.* Au cinquième acte, Aricie a quitté la scène, elle est allée sur les pas d'Hippolyte, et elle a dû aller assez loin, puisqu'il a été emporté et traîné par ses chevaux; elle l'a embrassé mourant; Théramène a vu arriver Aricie, et il a eu le temps de revenir auprès de Thésée; cependant il ne s'est dit que trente-sept vers sur le théâtre depuis qu'Aricie est sortie.

brillans ; et surtout son invocation à Minos, si grande, si superbe, qu'elle est à juste titre considérée comme le chef-d'œuvre de la poésie moderne. Ce n'est point avec des traits aussi vagues que Shakespeare peignit les hommes de toutes les nations et traça les passions communes à toute l'espèce. Ne cherchons pas hors de cette vérité les motifs qui empêchent les Français d'admirer, d'apprécier ce tragédien ; la nature est trop vaste sous ses larges pinceaux, et il doit naturellement leur paraître difforme et gigantesque. Assurément c'est faire un faible éloge de Shakespeare que de dire qu'il fut le plus grand poète de son pays, il fut aussi le plus grand philosophe de la terre, y compris même Bacon, dont la philosophie se présente sous des formes nues et arides, tandis que celle des poètes est embellie du charme de la poésie, de la pompe de la diction dramatique, plaît et frappe davantage.

Si la contravention aux règles de l'unité avait été la seule cause de l'indifférence des Français à l'égard de Shakespeare, ils devraient au moins, toutes les fois qu'ils daignent l'imiter ou le traduire, se contenter de ramener ses excentricités, ses écarts aux prétendues règles d'Aristote, et adopter ces grands traits dont il fourmille, sans les altérer, les déguiser, pour les rendre conformes aux règles et au goût français.

Parmi le petit nombre d'imitations que l'on a faites en France de ce grand homme, on place celles de

Ducis au premier rang ; et ce sont, en effet, les seules qui soient dignes de quelque analyse. Arrêtons-nous un moment sur la plus remarquable d'entre elles, *Hamlet*, dans laquelle l'auteur a fait preuve d'une énergie supérieure à celle des autres auteurs de son pays. La pièce commence par une scène entre Claudius et Polonius (qui, par parenthèse, n'ayant aucun trait caractéristique pour le distinguer de la tourbe des confidens de rigueur, peut également passer pour un Grec ou pour un Danois). Claudius, dans une tirade de quatre-vingts vers, lui dit (ce que Polonius savait déjà) qu'il veut détrôner le roi son neveu, et qu'il n'est nullement intimidé par l'apparition du spectre que le peuple a vu. Gertrude vient après, et comme elle est poursuivie par des remords, elle repousse la cour et la galanterie de son complice. Au second acte, elle apprend à son tour à sa confidente Elvire que c'est elle-même qui a empoisonné son mari, et elle lui fait les détails de cet événement. Jusque là, il n'y a encore que des récits, et toujours des récits [1]. Sur ces entrefaites arrivent d'Angleterre Horatio et Norceste ; ils ont une entrevue avec Hamlet. Celui-

[1] C'est une chose amusante que de considérer avec quelle attention un public français, l'œil fixe, la bouche ouverte, écoute un acteur débitant une centaine de vers alexandrins, et lui donne des témoignages d'un ravissement qui est toujours d'autant plus grand que la tirade est plus longue.

ci conçoit l'idée de faire raconter à Norceste, en présence de Claudius et de la reine, la grande et récente catastrophe de l'empoisonnement du roi d'Angleterre. Il acquiert, par ce stratagème, la conviction de leur culpabilité, et rompt aussitôt son mariage projeté avec Ophélia, fille du complice de sa mère. Ici commence le quatrième acte. Hamlet, déterminé à mettre fin à ses jours, médite sur la mort :

« Et qu'offre donc la mort à mon âme abattue?
» Un asile assuré; le plus doux des chemins,
» Qui conduit au repos les malheureux humains.
» Mourons. Que craindre encor quand on a cessé d'être?
» La mort? C'est le sommeil... C'est un réveil, peut-être!
» Peut-être!... Ah! c'est le mot qui glace, épouvanté,
» L'homme, au bord du cercueil, par le doute arrêté.
» Devant ce vaste abîme il se jette en arrière,
» Ressaisit l'existence et s'attache à la terre. »

Telle est l'imitation de :

To be, or not to be!... That is the question...
Wether'tis nobler in the mind to suffer
The stings and arrows of outrageous fortune,
Or to take arms against a sea of troubles
And by opposing end them... to die... to sleep
No more, etc. [1]

[1] Voici la traduction en prose, par M. Guizot, de cet admirable soliloque :

Etre ou n'être pas, c'est la question..... Y a-t-il plus de noblesse 'âme à souffrir les traits et les aiguillons de la fortune outrageante,

Il est inutile de poursuivre le parallèle plus loin. S'il était vrai que Ducis eût compris, senti son original, il aurait pu certainement, tout en observant la règle de l'unité, reproduire quelques-uns de ces grands traits que l'on rencontre si souvent dans Hamlet, et qui en font la production la plus remarquable du génie de Shakespeare; il l'a mutilé partout où il l'a imité, soit dans *Lear*, soit dans *Roméo, Macbeth* ou *Othello*. Mais il se-

on à s'armer contre un océan de maux et à les combattre en y mettant un terme... Mourir.... dormir... rien de plus... et à la faveur de ce sommeil, pouvoir dire que nous avons mis fin à l'angoisse du cœur et à ces mille tourmens, héritage naturel de la chair et du sang! tel est le terme qu'il faut ardemment souhaiter... Mourir... Dormir... Dormir!... peut-être rêver... Ah! c'est la difficulté... Dans ce sommeil de la mort, quels rêves nous viendront, quand nous serons soustraits au tumulte de cette vie? Voilà ce qui nous doit arrêter; voilà le motif qui prolonge les calamités jusqu'au terme d'une longue vie; car qui voudrait supporter les fléaux et les injures du monde, les injustices de l'oppresseur, l'outrage de l'homme superbe, les douleurs de l'amour dédaigné, les délais des lois, l'insolence des magistrats, et les mépris que des gens infâmes font subir au mérite patient, lorsqu'on pourrait se donner toute quiétude avec le moindre fer aiguisé? Qui voudrait porter ce fardeau, gémir et suer sous le poids de la vie, n'était la terreur de quelque chose après la mort?... cette contrée inconnue des bords de laquelle nul voyageur ne revient... C'est là ce qui fait chanceler la volonté et fait que nous aimons mieux supporter les maux que nous avons, plutôt que de fuir vers ceux que nous ne connaissons pas. Ainsi la conscience fait de nous autant de poltrons; ainsi la couleur native de notre volonté s'évanouit devant la pâle teinte de la réflexion; des résolutions d'un essor élevé et rapide se détournent de leur cours à cet aspect, et n'arrivent pas à mériter le nom d'action...

rait injuste d'attribuer à Ducis seul toutes les fautes qui se trouvent dans ces ouvrages ; car, s'il fut obligé de mettre de côté tout ce qui *constituait les caractères individuels,* d'altérer toutes les vérités morales qui appartenaient au temps et aux lieux de chaque sujet ; de réduire en récits, en déclamations, tout ce qui devrait être en action ; de composer, au lieu de tragédie, de véritables épopées dialoguées, ce fut pour se conformer au goût de son pays, et ramener les passions au niveau des sentimens parisiens.

La plupart des imitations de Ducis parurent avant la révolution ; mais elles n'obtinrent de la vogue que lorsque la nation française crut avoir acquis plus d'énergie par l'effet de cette mémorable commotion politique ; et il est vrai de dire qu'à cette époque le théâtre prit un caractère différent de celui qu'il avait eu jusque là, sans qu'on s'écartât pour cela du cadre donné par le siècle de Louis XIV. *Marius à Minturnes*, qui est une des plus remarquables productions de la fin de l'autre siècle, offre la preuve de ces deux assertions ; car si, d'une part, l'on y rencontre des situations fortes et attachantes, des scènes purement écrites, des caractères habilement tracés, on y trouve la déférence la plus ridicule aux prétendues règles d'Aristote, et notamment à celles qui veulent que la scène ne reste jamais vide. Par exemple, au moment où Marius sort pour aller se venger de ses persécuteurs, l'auteur, dont le plan nécessite l'entrée sur scène de ces mêmes persécuteurs, sentant qu'il ne pourrait guère effectuer simultanément cette sortie et cette entrée sans blesser la vraisemblance voulue, ou sans qu'il en résultât un débat entre les deux partis, imagine un petit expédient pour trancher la difficulté. « Le théâtre, dit-il, ne reste pas vide ici, des soldats qu'on a vus errer dans la forêt pendant la dernière scène entrent sur le théâtre par différens côtés.» Cependant, malgré ces puérilités, l'ensemble de cette tragédie est digne des plus grands éloges, et le rôle principal est écrit avec une force, une énergie bien remarquable.

Depuis, nous avons vu se succéder un grand nombre de tragédies, qui n'ont obtenu que des succès éphémères, et dont le souvenir n'existe plus; à la vérité quelques-unes d'entre elles, telles qu'*Agamemnon, les Templiers,* ont résisté à des années d'épreuve; et de nos jours encore on a représenté *les Vêpres siciliennes, Marie Stuart, Régulus, Clytemnestre, Don Pèdre, Léonidas,* qui semblent être destinés à survivre à leurs auteurs, quoique d'ailleurs ces pièces soient conçues (celles de *Marie Stuart* et de *Don Pèdre* exceptées) avec toute la timidité héréditaire des dramatistes français ; et, en effet, comment pourrait-il en être autrement ?

La tragédie, dans son acception la plus noble et la plus étendue, est-elle donc une œuvre à laquelle tous les peuples puissent arriver ? et l'imagination française, quelque brillante qu'elle soit, pourrait-elle y prétendre, quand les Italiens y ont constamment échoué ? Non, il faut quelque chose de plus que cette brillante faculté, il faut des âmes d'une trempe forte, énergique ; il faut qu'à l'exaltation du poète se joigne la science du philosophe ; et dans la voluptueuse France l'homme n'étant pas assez considéré pour que l'on se donne la peine d'en faire une étude approfondie, on se contente d'être copiste, et l'on croit avoir atteint la perfection en revêtissant les marbres anciens du manteau de la poésie.

Molière, qui peut être considéré comme étant le père de la comédie française, eut une connaissance plus profonde du cœur humain qu'aucun auteur de sa nation, soit comique ou tragique ; toutefois il peignit les folies, les ridicules, plutôt que les passions des hommes, et se contenta de donner des portraits de ces rapports, de ces relations que fait naître la marche ordinaire de la société. Il était plein d'esprit, de brillant et de gaîté ; et son esprit d'observation faisait tourner tout ce qu'il voyait au profit de sa verve comique ; mais avec toutes ses qualités supérieures, cet auteur ne franchit point les obstacles nés de sa position, et qui s'opposaient en quelque sorte au développement de son génie : il fut aussi grand que son théâtre et sa nation le lui permettaient. Mais ce n'est pas dans un pays où la nature est déguisée, où tout est sacrifié aux coutumes et à la mode, que la comédie peut prendre un très-grand essor. Nous conviendrons à la vérité que cette déférence absolue aux usages établis est moins fatale à la comédie qu'à la tragédie, car celle-ci ne peut avoir d'autres trésors en réserve que ceux que l'on peut tirer des passions du cœur, tandis que l'autre peut toujours trouver un vaste champ à moissonner dans les faiblesses et les travers de la société.

Madame de Staël a parfaitement raison lorsqu'elle dit que l'état de la société en France est très-propre à la comédie; mais ce serait, ce me semble, donner trop de latitude à son assertion que de dire qu'il n'y a point de comédie d'un genre plus noble que celle qui est basée sur un semblable état de société: nous pouvons croire avec elle que Molière est supérieur dans son allure à tous les autres écrivains, mais nous ne pouvons convenir que son allure soit la plus élevée, la plus poétique et la plus philosophique du vaste domaine de la comédie.

Les effets inévitables de la servitude nationale des Français à la tyrannie de la coutume ont été de faire disparaître les nuances variées que la nature a établies entre les hommes, et de mettre, pour ainsi dire, tous les caractères à un même niveau. Le moindre écart des lois qui régissent les sociétés en France est un motif d'observation, de critique, et souvent même de ridicule; nul n'y ose sortir des habitudes de la classe à laquelle il appartient. Mais là où les hommes sont assez énergiques pour se dérober à cette oppression et pour s'abandonner à leurs humeurs individuelles, le domaine de la comédie est illimité comme celui de la tragédie.

Le docteur Johnson, dans sa notice sur les œuvres de Shakespeare, a dit que, trop souvent, dans les autres écrivains anglais on trouvait des caractères individuels, tandis que dans les comédies de Shakespeare ils étaient génériques. Cette opinion, que ce savant a émise comme un éloge, serait la critique la plus sévère qu'on pourrait faire du barde anglais si elle n'était dénuée de fondement.

Le mérite prodigieux de Shakespeare, celui qui l'élève au-dessus de tous les autres poètes dramatiques, est que tous ses caractères sont individuels; ils appartiennent, à la vérité, à certaines classes, de même que tous les hommes; mais, outre les attributions génériques qui marquent cette classe, chaque individu a ses qualités particulières qui le distinguent d'un autre. Ainsi *Macbeth* et *Richard* appartiennent à la classe des ambitieux, mais il est impossible de ne pas distinguer l'un de l'autre. *Shylock* et *Jago* appartiennent à la classe des vindicatifs; *Othello* et *Léontes,* à celle des jaloux; néanmoins rien ne peut être plus dissemblable que ces divers personnages entre eux. Les individus dans la vie réelle ne peuvent point représenter des classes, car ce serait une étrange imitation, ce me semble, que celle qui donnerait à la copie des qualités que l'original n'aurait pas. Cependant ce

vice se trouve dans les écrits d'un grand nombre
de poètes; presque toujours le caractère qu'ils tra-
cent est celui d'une espèce. Dans Shakespeare, au
contraire, il est individuel ; et qu'on ne s'y trompe
pas, c'est à cette manière condensée, pour ainsi dire,
de représenter l'espèce humaine, que nous devons
attribuer cette vérité, cette vie que nous admirons
dans les ouvrages de cet écrivain, et cette illusion
complète qu'ils nous font éprouver. Shakespeare
est le seul poète qui ait observé les progrès de la
nature en classant les genres et les espèces. Il a parfaitement compris qu'on ne pouvait arriver à l'individualité qu'en ajoutant beaucoup de traits parti-
culiers à ceux qui caractérisent l'espèce. Une seule
passion, un penchant même suffit pour constituer
une propriété générique; mais l'addition d'une se-
conde passion à cette première diminue le nombre
des personnes auxquelles elle peut être appliquée.
Une troisième passion, une quatrième la ramène
plus près encore de la ressemblance d'un original,
et successivement enfin on arrive à un assemblage
de qualités trop particulières, trop singulières pour
qu'elles puissent être communes à plusieurs, et le
portrait se trouve réduit à la ressemblance d'un seul
individu. C'est ainsi que les hommes sont carac-
térisés dans la vie comme individus, et c'est ainsi
seulement qu'on peut les dessiner poétiquement.
Une seule passion, un seul penchant, un seul ridicule isolé de tous les autres, est une véritable abs-

traction. Jamais on n'a vu un homme n'avoir qu'une seule passion, pas même celui que la rage ou la fureur possède. Sans doute la poésie qui ne fait que décrire peut ne s'occuper que de genre et d'espèce, quoique les descriptions reçoivent un charme additionnel de l'appréciation avec laquelle les objets sont représentés; mais la poésie qui agit ne peut pas déroger un seul instant de ce qui existe dans la nature; et la comédie, dont la mission est de nous représenter les scènes de la vie, doit, sous peine de manquer son but, nous les représenter avec la plus grande fidélité.

Par l'individualité, nous ne voulons pas dire qu'il faille que les personnages soient la copie de quelques êtres existans, mais nous entendons que leurs qualités soient combinées et concentrées de manière à ne pouvoir être appliquées qu'à un seul individu idéal de l'espèce.

Si le principe sur lequel le docteur Johnson fonde son éloge de Shakespeare était vrai, c'est-à-dire si les personnages qui représentent des classes étaient préférables à ceux qui représentent les individus, le théâtre français serait le théâtre le plus parfait; mais son vice capital vient précisément de ce que ses auteurs, avec des idées vagues sur les vrais principes de l'art, peignent, dans leurs diverses productions, des individus vivant, agissant comme si chacun d'eux était un millier d'individus, ou, en d'autres termes, des abstractions multiples d'elles-mêmes.

Molière lui-même n'eut à cet égard aucune idée juste des caractères dramatiques, il fit de ses personnages des personnages de classes, et quelquefois aussi il leur donne des épithètes qui ne leur conviennent pas. *Alceste*, par exemple, est tout-à-fait mal nommé ; c'est un bourru, un capricieux, un têtu, à qui l'on n'aurait jamais pensé de donner le nom de *Misanthrope* ailleurs qu'en France, où quiconque s'écarte des choses habituelles, ou ne revêt pas le manteau et le masque hypocrite de la société, est infailliblement appelé misanthrope. Mais combien est loin cet Alceste de Molière, du véritable misanthrope, le *Timon* de Shakespeare !

Le Bourgeois gentilhomme est une comédie entièrement basée sur les ridicules de deux classes de la société, et ni M. Jourdain, ni Dorante, ne possèdent des qualités qui ne soient communes à leur classe respective. Le premier peut être considéré comme le modèle de tous les bourgeois, et le dernier comme le type des courtisans français de cette époque. Mais ils n'ont rien de caractéristique, et il est ridicule d'appeler l'un Jourdain et l'autre Dorante ; mieux vaudrait les désigner par *un bourgeois, un homme de cour !* Les mêmes observations peuvent être faites à l'égard de *l'Avare*, il n'est pas suffisamment caractérisé par des qualités particulières, et il peut être regardé comme une sorte de peinture idéale de la passion de l'avarice. *Tartufe* est infiniment supérieur à *Harpagon*, il est dévot par

une sordide ambition, mais c'est moins cette passion
d'accumuler des richesses qui le possède, que le dé-
sir d'en avoir pour en jouir ensuite. Il est, de plus,
enclin à l'amour; il accepterait volontiers une bonne
fortune, mais en passant, et sans perdre pour cela
son objet de vue un seul instant. Sous le rapport de
l'individualité, Tartufe est le chef-d'œuvre de Molière et de la scène française.

Pour ce qui regarde la comédie, dont l'objet est
de peindre une simple habitude ou une manie,
telle que *l'Irrésolu*, *le Distrait*, *le Glorieux*,
nous dirons qu'elles sont la quintessence du genre
que nous critiquons et qui a servi de modèle à miss
Baillie dans ses ouvrages dramatiques. De là le peu
de réputation de cette femme, qui serait devenue cé-
lèbre si elle avait su donner une meilleure direction
à son génie. Nous sommes loin d'attribuer les défauts
de Molière à son génie, il était parfaitement capable
de peindre tout ce qu'il aurait vu, mais il n'avait jamais sous les yeux que des classes, car toute la nation
française possédait à peine un seul caractère individuel à l'époque où il écrivait. Tous les sentimens,
toutes les passions, tous les penchans même qui
n'étaient point génériques, étaient bientôt effacés
par les sévères lois de l'étiquette sous lesquelles on
faisait plier la nature elle-même; de sorte qu'il ne
lui restait en effet à peindre que des caractères lâ-
ches et vagues. Tous ses amoureux sont les mêmes,
toutes ses jeunes premières se ressemblent, enfin

la même uniformité règne à l'égard des valets, des
Sganarelles, etc.; et cela ne pouvait être différemment, nous le répétons, parce que tous les origi-
naux se ressemblaient lorsque Molière les copiait.
La comédie d'*humours* est la véritable comédie in-
dividuelle ; c'est le tableau fidèle de l'homme en
société. Tout le répertoire français ne pourrait peut-
être offrir un aussi grand nombre de caractères individuels qu'il en existe dans la comédie de *Every
man in his humour*, et cependant il y a beaucoup
d'autres auteurs anglais qui sont supérieurs à Ben-
Johnson dans l'art de tracer habilement les caractères.

La prééminence incontestable de Molière est celle
que l'on désigne par *vis comica*. Personne ne peut
lui être comparé sur ce point, pas même Racine dans
la pièce des *Plaideurs,* qui est néanmoins remplie
de gaîté et d'esprit. Le Sganarelle du *Cocu imaginaire* est un parfait modèle du genre comique, et
l'admirable scène du *Misanthrope,* celle, par parenthèse, que Shéridan a imitée dans son *School
for scandal,* devrait être considérée comme étant
le type du ton et de l'esprit qui conviennent à la
scène. Nous avançons donc qu'il n'existe personne
dans aucune littérature qui puisse être comparé à
Molière sous ce rapport, à moins que ce ne soit
Shéridan ; car il faut se rappeler, en établissant un
parallèle entre eux, qu'en même temps que le dernier écrivait une des meilleures comédies anglaises,

il se montrait le rival heureux de Pitt, de Burke et de Fox à la tribune parlementaire.

Parmi les auteurs français, celui qui approche le plus de Molière dans l'art de peindre les caractères, est sans contredit Lesage dans la comédie de *Turcaret*, qui fourmille, à la vérité, de réminiscences et d'imitations du grand maître; mais tous deux eurent le défaut de tracer plutôt des habitudes que des caractères, et produisirent, par conséquent, des comédies de classes et non d'individus, vice fondamental que nous hasardons aujourd'hui de relever, qui a échappé à l'œil des critiques français, et que n'avouera de long-temps encore une nation si justement orgueilleuse de sa littérature dramatique. Nous croyons que la prééminence sous ce rapport doit être accordée aux Anglais dans l'art de tracer des caractères; ils sont supérieurs même aux Espagnols, dont le théâtre est d'ailleurs si varié. La longue possession de la liberté politique, ou, pour parler plus convenablement, les causes mêmes desquelles provient cette liberté, ont développé en Angleterre une telle variété de caractères, un public si diversifié, dont chaque membre se distingue par un cachet particulier et original, que la comédie possède un champ illimité où le génie peut moissonner à son gré. Les législateurs du Parnasse anglais, pénétrés des véritables principes de l'art dramatique, ne leur ont prescrit qu'une seule règle, la seule en effet qu'on puisse prescrire; ils ont dit : « Ne violez pas les lois de la nature. » Mais les critiques français, nourris dans des principes et des préjugés hérédi- taires, ont dit, au contraire : « Substituez l'art et ses conventions à la grandeur et aux beautés de la na- ture, ramenez tous les personnages de votre drame dans un même lieu, afin de ne pas détruire l'illusion, et que l'auditoire puisse s'imaginer être tantôt dans le palais d'Auguste, où personne ne pouvait entrer, et à plus forte raison ceux qui conspiraient contre lui, et tantôt dans la chambre de Chimène, dans laquelle l'assassin de son père n'avait assurément ja- mais pénétré. »

Il n'existe pas un seul théâtre en Europe qui, ayant adopté les unités françaises, n'ait eu à regret- ter la perte de son caractère natif, souvent plein de franchise et d'énergie. Pour commencer par le théâ- tre anglais, nous remarquerons que durant la période de temps où la littérature française n'eut aucune influence en Angleterre, les poètes de ce pays, réu- nis, pour ainsi dire, sous l'étendard de la nature, repoussèrent constamment toutes les règles qui au- raient entravé leur génie. De là ces esquisses vigou- reuses, ces portraits fidèles, ces grandes et nobles conceptions enfin si supérieures à celles des autres nations, dans lesquelles, à la vérité, on peut trou- ver à blâmer beaucoup de transgressions de ce qu'on appelle les convenances, et qui ne sont tolé- rées que parce qu'on les trouve compensées par un grand nombre de beautés incomparables. Mais lors-

que Charles II revint du Continent, et que les courtisans de ce prince, comme pour se venger de la
faction Puritaine qui les avait précédés, se livraient
à toute sorte d'immoralités ; lorsque le goût de la
dissipation était une preuve de royalisme, que l'é-
légante dépravation de la cour de Louis XIV était
imitée, avec toute la gaucherie ordinaire de l'imitation, par des hommes dont le caractère naturel et
primitif n'était nullement léger, le théâtre attira un
nouveau public qui venait, non comme celui d'au-
trefois, écouter les accens de la nature et regarder
dans le miroir de l'espèce humaine, mais un public
qui y affluait comme en un lieu de dissipation et
d'amusement, pour ne pas dire pis encore. Le théâtre, dès ce moment, fut en décroissant. La scène se
remplit de nouvelles créations indignes de celles qui
avaient précédé, et dans lesquelles régnaient une
grande immoralité et une licence effrénée ; mais,
au reste, quand même ces derniers défauts n'eussent
point prévalu, le théâtre n'en aurait pas moins perdu
son caractère original et particulier.

Dryden, Otway, et quelques autres auteurs du
même temps, avec des talens vigoureux en beaucoup de genres, n'eurent point le génie éminemment dramatique. Le premier abandonna le naturel
pour rendre les passions déclamatoires, et, abusant
de sa facilité extraordinaire à rimer, bannit le mètre
indépendant du vers tragique anglais, pour en adopter un autre plus semblable au vers français ; il sortit

toujours de la nature quand il voulut la peindre ;
et, jetant le cothurne tragique, il parut presque
toujours monté sur des échasses. Otway possédait
un talent plus vrai que Dryden ; mais, comme lui,
il écrivit en vers rimés pour le théâtre. *The Or-*
phan, Venice preserved, attestent suffisamment ce
que pouvait son génie, et quoique nous ne puissions
pas nous empêcher de sourire à l'assertion de madame de Staël, qui prétend que Shakespeare avait
trouvé un rival puissant dans l'auteur de cette dernière pièce, nous ne disconviendrons pas que c'est
l'ouvrage qui approche le plus des immortels productions du barde anglais. Cependant Southern, dans
Isabella Oroonoked, est, selon nous, par le naturel
et le pathétique, le premier après Shakespeare ; il fut
le dernier poète qui essaya de plaire sans règles en
copiant la nature. Quant aux productions contempo-
raines de Rowe et d'Addison, elles furent timides,
quoique plus classiques que les autres. *La mort de*
Caton est la plus froide de toutes les tragédies sup-
portables, et tous les personnages, à l'exception peut-
être de Caton, sont français ; tant l'esprit d'Addison
avait été influencé, obsédé par les productions des
poètes de la cour de Louis XIV. Depuis cette époque, l'expulsion du pathétique fut complète sur le
théâtre anglais. Le souffle de la France a aveuglé le
génie breton, et celui-ci ne recouvrera sa vigueur
primitive que lorsqu'il aura écarté les doctrines qui
l'ont égaré, et qu'il sentira de nouveau que le cœur

de l'homme est réellement plus *romantique ou indé-*
pendant que *classique ou méthodique.* La comédie
anglaise a perdu peut-être plus en vérité, en force
et en moralité, que la tragédie, par l'effet de l'imitation. Nous ne prétendons pas avancer que la comédie française soit immorale, mais nous affirmons que
ce fut par l'affectation des manières françaises que
le public en Angleterre se déprava insensiblement,
et que par suite la scène, se prévalant de l'état des
mœurs, poussa la licence au dernier degré. « Rien
ne ressemble moins aujourd'hui à la nation anglaise,
dit madame de Staël, que la comédie anglaise. » Congrève, lui-même, quoique légitime héritier des talens de Ben-Johnson, traça dans ses ouvrages des
mœurs et des habitudes qui ne prédominaient pas
de son temps, et personne n'ignore que son excel-
lente pièce intitulée *le Chemin du Monde* est un
tableau très-infidèle des mœurs de son siècle.

La littérature espagnole ne souffrit pas moins
que le théâtre anglais de l'introduction des symé-
tries françaises. L'avénement de Philippe V lui
porta un coup mortel. La politesse, l'élégance, le
ton du bel air, vinrent entraver les sentimens d'un
naturel exalté mais plein de franchise, et les courtisans d'un monarque étranger n'osant plus avouer
l'amour qu'ils portaient aux vieux poètes de leurs
pays, chacun affecta de les trouver grossiers et ridicules, à peu près comme on le faisait en Angleterre
à l'égard de Shakespeare à l'époque de la restaura-

tion. Un homme d'une érudition extraordinaire, mais tout-à-fait dépourvu de génie, capable de signaler tous les défauts d'un ouvrage d'esprit sans être en état d'en sentir les beautés de toute nature, Luzan entreprit dans sa *Poétique*, ou *Reglas de la Poesia*, de corriger à sa guise la littérature de son pays; il donna de longs extraits des tragédies grecques et françaises, introduisit la règle des unités, en s'appuyant de l'autorite d'Aristote, de Rapin, de Corneille, de Crousaz, de Lancy, de madame Dacier, etc. ; il se moqua des sectaires de Gongora, qui avait introduit l'affectation dans la poésie espagnole, et se tut sur le mérite de Lopez de Véga et de Caldéron, uniquement parce qu'ils avaient violé les unités.

A cette même époque différens auteurs firent des traductions de pièces françaises, et Augustin de Montiano, le plus remarquable de tous, pénétré des vérités émises par le nouveau législateur du Parnasse espagnol, composa deux tragédies à la manière française, dans lesquelles les unités furent observées, et où tout ce qui aurait dû être en action fut mis en fastidieux récits... Cet auteur ne se borna pas à cette malheureuse et anti-nationale tentative, il publia une espèce de brochure adressée à ses compatriotes, dans laquelle il les exhortait à imiter son exemple et à faire mieux que lui en adoptant les mêmes principes. Mais depuis ce temps l'Espagne n'a pas compté un seul écrivain dramatique, et l'établissement de la littérature française a frappé celle de ce pays d'une paralysie dont elle ne s'est pas encore relevée. Vers la fin de ce siècle, la maison de Bourbon étant devenue, pour ainsi dire, espagnole, perdit un peu de cette première influence qu'elle avait exercée, et une contre-révolution commença à s'opérer dans les lettres. Il ne fallait rien moins toutefois qu'un homme de haute naissance, d'une considération générale, d'un talent éminent, pour arrêter le torrent des fureurs galliques; ce fut Vincent Garcia de la Huerta, à qui il ne manqua, pour achever entièrement sa noble et difficile entreprise, qu'un peu plus d'adresse pour combattre les opinions spécieuses du critique Luzan. Une autre cause s'opposait également à ce qu'il obtînt un succès complet : son patriotisme l'aveuglait, il devenait impétueux dans la discussion, s'emportait toujours plus loin qu'il ne fallait. Ainsi, malgré ses généreux efforts, il ne put extirper entièrement les innovations françaises de son théâtre, pour les remplacer par la franchise qui y régnait primitivement.

Il est assez curieux de remarquer que l'Espagne, dont le théâtre est si riche, est un des pays les plus pauvres en poèmes épiques; tandis que l'Italie, pauvre dans sa littérature dramatique, est riche dans les autres genres de poésie. Il n'est pas moins intéressant d'observer combien l'épopée a été mieux traitée par les anciens que le poème dramatique. Cette différence provient de ce que l'épopée tire tout son mérite, sa perfection, ses ressources de l'imagiration seule, car il s'agit de décrire et non de représenter les passions. Le drame au contraire ne repose pas sur des fictions, il est basé sur la vérité, il agit et ne décrit pas. Personne ne niera que la faculté de l'imagination se développe bien plus tôt que la faculté qui nous donne la connaissance du vrai, sans laquelle on peut assurément faire de brillantes descriptions, mais qui est indispensable dans les représentations fidèles et vivantes des passions humaines.

Le théâtre allemand, qui, comme tous les autres, commença par traiter des sujets religieux, s'épura insensiblement et se distingua par une sorte de bonhomie particulière à la nation allemande, lorsqu'un certan Opiz entreprit de lui donner une nouvelle forme, en imitant des tragédies grecques et italiennes. André Gryphins, que l'on a comparé à Shakespeare, suivit son exemple ; aujourd'hui cet auteur est entièrement oublié. Enfin, vers la fin du dix-septième siècle et vers le commencement du dix-huitième, Gottsched, Ginerl, Elias Schlegel, Cronegk et Weisse firent des traductions françaises et arrivèrent au dernier degré du genre ennuyeux. Cependant, à peu près à cette même époque, Lessing, à qui son pays doit tant, parla de Shakespeare avec admiration. Son *Mina de Barnhelm,* et son *Emilia Gallotti* furent d'heureuses innovations; mais Lessing n'était pas né poète, et il n'opéra aucun changement dans la littérature dramatique. Cette gloire était réservée à Goëthe et à Schiller. Toutefois, ils prirent une fausse direction; le premier, notamment, qui travailla dans un genre tout-à-fait idéal. Il paralysa les grands moyens qu'il avait reçus de la nature en s'efforçant de paraître original. Schiller, plus raisonnable, entreprit un vol moins élevé et atteignit plus haut que l'auteur de *Faust*. C'est sans doute cette manie singulière de ne vouloir ressembler à rien qui porta les Allemands, peuple d'ailleurs si sage, si esclave de la morale, à tolérer toute sorte de sophismes et d'immoralités dans leurs pièces. Le *Menscenhass und reno de Kotzebue*, qui sous divers noms a obtenu un succès si prodigieux en Europe, est un drame tout-à-fait intolérable. Nous nous rappelons avoir lu une comédie qui avait été représentée à Vienne, dans laquelle un homme brise la serrure d'un secrétaire, y vole une certaine somme d'argent afin d'acquitter une dette d'honneur!...

Voilà assurément d'étranges écarts du domaine de la morale; et cela dans l'unique but d'être original! Hé bien, le croirait-on? la scène française, la plus chaste, par suite de l'imitation de l'antiquité, n'est point tout-à-fait exempte de pareils reproches. Mais ce qu'il y a de plus extraordinaire, c'est qu'une partie du comique de cette même scène consiste dans des allusions faites aux objets les plus inconvenans, les plus malhonnêtes, et tels que les étrangers violateurs des unités n'oseraient pas les écrire pour un théâtre consacré à la classe du peuple. Les Français disent que la prétention des Anglais à la supériorité dans le genre tragique n'est fondée que sur la constante représentation d'objets dégoûtans, horribles, et dans l'usage immodéré des poignards, des exécutions, des meurtres, etc.; mais que dans le vrai pathétique, dans celui qui n'est pas produit par des objets physiques, Racine est bien supérieur à Shakespeare. Ces diverses assertions méritent la peine d'être examinées, afin de déterminer quelle accusation a plus de poids que l'autre.

La représentation pure et simple d'un objet physique, loin d'ajouter à l'intérêt d'une action quelconque, exige beaucoup de génie pour la rendre supportable, car, loin de produire de profondes impressions lorsqu'elle n'est pas préparée avec art, elle n'excite le plus souvent que le dégoût et le rire. Les poignards sanglans que Macbeth tient à la main, après avoir assassiné Duncan, seraient ridicules ou tout au moins inutiles, si la scène qui a précédé ne les rendait terribles. Mais ce n'est pas tout encore, l'auteur voulait montrer dans Macbeth un homme inaccoutumé au crime, dont la tête commence à s'aliéner; et la vue de ces poignards, qui peuvent déceler son assassinat, peignent, mieux que ne le feraient les mots les plus éloquens, l'état de l'esprit et de l'âme de l'ambitieux. Généralement, tout ce qui suit concourt à faire jouer à ces poignards un rôle moral.

Les crânes avec lesquels, selon Voltaire, Hamlet joue dans le cimetière de l'église, pourraient être aussi dégoûtans que tous autres crânes, et exciter des sensations désagréables; mais dès qu'ils deviennent un sujet de réflexion pour ce jeune prince, qui les voit jeter pêle-mêle dans un caveau par un fossoyeur, et qui reconnaît, parmi toutes ces têtes roulant à ses pieds, celle de Yorick, le protecteur de son enfance, le cœur doit avouer que ces têtes, toutes dégoûtantes qu'elles ont paru d'abord, jouent un rôle important, parce qu'elles servent à individualiser le sentiment beaucoup mieux que ne le feraient de vaines déclamations sur les terreurs d'un cimetière!

Ce n'est point ainsi que Molière et les autres poètes français ont fait usage des objets physiques dans leurs compositions : ils ne les emploient pas comme moyens auxiliaires, ils en font les principaux agens. Dans *le Malade imaginaire,* par exemple, lorsque Argan examine les mémoires de M. Fleurant, son apothicaire, et qu'il énumère toutes les médecines qu'il a prises pendant le mois; lorsqu'il parle à Toinette de l'effet de ces remèdes; lorsque l'apothicaire entre sur scène tenant à la main le grand instrument de son art, dans le dessein de lui en administrer le contenu, ce sont autant de sources desquelles découlent des effets comiques qui ne manquent jamais d'exciter la plus grande hilarité parmi les spectateurs. La dispute d'Éraste et de Lucile, dans *le Dépit amoureux*, parodiée par les domestiques Gros-Réné et Marinette, fourmille d'expressions indécentes [1]. *L'Avare, les Fourberies de Scapin*, contiennent une longue série de tours exercés par des enfans à l'égard de leurs parens... Une des plus célèbres plaisanteries du *Mercure galant*, de Boursault, roule sur une énigme dont le mot ne peut, sous aucun prétexte, se trouver sous la plume d'un écrivain qui se respecte. Mais de toutes les pièces du théâtre français celle qui peut être réellement considérée comme étant un vrai code d'immoralité [2], c'est sans contredit *le*

---

[1] *Gros-Réné et Marinette se rendant mutuellement leurs cadeaux :*

GROS-RÉNÉ.

J'oubliais d'avant-hier ton morceau de fromage.
Tiens, je voudrais pouvoir rejeter le potage
Que tu me fis manger, pour n'avoir rien de toi.

MARINETTE.

Je n'ai point maintenant de tes lettres sur moi,
Mais j'en ferai du feu jusques à la dernière.

GROS-RÉNÉ.

Et des tiennes, tu sais ce que j'en saurai faire.

[2] On serait tenté de supposer que *le Légataire universel* est rarement représenté à Paris ; mais on aurait grand tort : cette comédie jouit d'un succès soutenu depuis sa première apparition ; du moins, en Angleterre, les pièces de Congrève et celles de Farquhar ne conviennent plus à la génération actuelle.

Légataire universel. Qui ne sait que, dans la vie réelle, la petite fourberie d'Éraste, de Crispin et de Lisette leur vaudrait la peine des galères? Qui ne sait qu'Angélique, l'ingénue de la pièce, pourrait être poursuivie comme recéleuse de vols? et cependant La Harpe ne craint pas de dire que c'est un chef-d'œuvre de la gaîté comique.

Il existe un genre de comédie dans lequel les Français réussissent merveilleusement, celle qui a pour objet de peindre ou de tracer des portraits de la société telle qu'elle est en France, et tous ces petits riens qui font l'occupation journalière des gens du monde; nous citerons, pour appuyer cette assertion, la comédie du *Cercle, ou la Soirée à la mode,* de Poinsinet. Tous les personnages y parlent et y agissent conformément à leur caractère. Le baron, le poète, Araminte, les deux petites-maîtresses, le marquis, sont parfaits, et l'abbé est un portrait fidèle de ces abbés petits-maîtres courant jadis de toilette en toilette, et faisant, comme il le dit lui-même, les délices des dames sans devenir la terreur des maris. Une autre petite comédie appartenant à la même classe, *la Gageure imprévue,* de Sédaine, représentée en Angleterre sous le titre de *Lock and Key,* est d'un mérite presque égal à celui du *Cercle.* Il y a pareillement un grand nombre d'opéras comiques, qui, indépendamment de la musique, sont inimitables par le trait et les détails; tels sont : *Françoise de Foix, Maison à Vendre, Ninon chez*

madame de Sévigné, Joconde, et en général toutes les pièces dans lesquelles on représente une action courte, légère, une fantaisie de société, un ca-
price, une folie. Nous ne prétendons pas dire que
des conceptions de cette nature soient aussi grandes, aussi importantes que *la Coquette corrigée*,
par exemple, ou *le Méchant;* mais tout éloigné, que
nous sommes de comparer l'auteur de ces bluettes
aux maîtres de la scène française, nous ne pouvons
nous empêcher de reconnaître que l'exécution de ces
ouvrages légers, considérés dans leur ensemble, est
véritablement parfaite, et que celle des grandes comédies demeure inférieure au sujet ; ainsi, tandis que
nous admirons l'esprit de Molière et sa verve comique, nous sentons cependant que quelque chose
manque ; nous mesurons la distance qui existe entre l'imitation et le modèle, qui est l'homme et la
nature.

La plus grande différence qui existe entre le théâtre français et le théâtre anglais, celle qui frappe
d'abord un esprit éclairé, c'est que sur la scène française la parole est chargée de toute l'action, en quelque sorte, tandis que sur la scène anglaise la parole
est jointe à une action toujours présente, et sous ce
rapport elle s'approche beaucoup plus de la tragédie
grecque que ne le fait la scène française. Comparez
l'*Iphigénie* de Racine à l'*Iphigénie* d'Euripide, dans
laquelle, dès les premières scènes, on voit arriver
Clytemnestre sur un char, accompagnée de sa fille

et du jeune Oreste : Iphigénie est belle, on l'ac-
cueille par les acclamations les plus flatteuses. Clytemnestre descend de ce char, en montrant sa fille
à tout le peuple qui l'entoure : elle semble la lui re-
commander et la placer sous la consécration de sa
foi. Hé bien, il y a certainement dans tout cela une
pompe, un spectacle bien grand, bien imposant,
bien intéressant, que l'auteur français, par respect
pour sa nation, par déférence pour de certaines règles, a cru devoir éviter et que la scène anglaise
n'aurait point repoussé.

Dans la nécessité généralement imposée par la
différence des mœurs modernes et celles des anciens, de violer la forme de la tragédie grecque,
« les Anglais pensèrent, comme l'observe ingénieu-
» sement un contemporain [1], qu'il fallait en appeler
» à la raison et à l'esprit dans lequel les tragiques
» de l'antiquité avaient conçu leurs ouvrages, et
» qu'on ne devait pas hésiter à sacrifier la lettre à
» l'esprit, la forme pour le fond. Ainsi, quand
» Shakespeare conçoit le projet de représenter un
» grand caractère, il ne perd pas un instant son
» objet de vue. Pour mieux faire connaître le
» temps, il débute par quelque événement solennel
» ou par quelque circonstance imposante fortement
» empreinte de l'esprit du temps; il transporte la
» scène d'un pays à un autre, uniquement dans le

_____

[1] Article du *Mercure* du dix-neuvième siècle.

» dessein de mieux expliquer un fait, une nuance
» de passion, et le Français qui voit ce changement
» rapide de pays et qui n'aperçoit pas encore l'unité
» morale ou philosophique qui coordonne toutes les
» parties entre elles, est tenté de ne voir dans tout
» cela qu'irrégularité, désordre, confusion. » Aussi
est-il fortement possédé par l'idée que son théâtre
règne au-dessus de celui de toutes les nations, et
rien ne pourrait affaiblir cette illusion nationale.
Les auteurs dramatiques français sont lus, dans le
fait, par un grand nombre d'étrangers, et peuvent re-
cevoir la préférence de tous ceux qui préfèrent l'u-
nité de lieu et de temps aux accens vrais du cœur
humain, et dont l'imagination est assez souple pour
se persuader qu'un morceau de toile peinte est effec-
tivement la ville de Trésène [1], ou que la rampe de
la scène est le soleil auquel Phèdre s'adresse ; mais
tous ceux qui jugeront d'après les lois de la nature
ne partageront pas cette admiration, parce qu'elles
sont bannies, nous le répétons, de la scène française.

Toutefois, en rapprochant ainsi, sur quelques
points, le théâtre anglais du théâtre français, nous
n'avons point eu pour objet d'offrir cette littérature
exotique comme un prototype par excellence et ex-
clusif; mais nous croyons fermement qu'un goût
éclairé, sans intolérance, sûr de lui-même, y décou-

---

[1] *Voir* Ségur, *Galerie politique et littéraire* : cette question y est traitée.

vrira des beautés naïves et sublimes dont la médita-
tion, en lui inspirant de nouvelles combinaisons,
contribuera en même temps à donner à ses conceptions plus de hardiesse, de naturel, d'originalité et
d'indépendance.

FIN.

www.ingramcontent.com/pod-product-compliance
Lightning Source LLC
LaVergne TN
LVHW022211080426
835511LV00008B/1710